HISTORIETAS JUVENILES:
BIOGRAFÍAS ™

HARRIET TUBMAN

y el Ferrocarril Clandestino

Dan Abnett

Traducción al español:
José María Obregón

PowerKiDS press. & **Editorial Buenas Letras**™
New York

Published in 2009 by The Rosen Publishing Group, Inc.
29 East 21st Street, New York, NY 10010

First Edition

Editors: Joanne Randolph and Nel Yomtov
Spanish Edition Editor: Mauricio Velázquez de León
Book Design: Julio Gil
Illustrations: Q2A

Library of Congress Cataloging-in-Publication Data

Abnett, Dan.
   [Harriet Tubman and the Underground Railroad. Spanish]
   Harriet Tubman y el Ferrocarril Clandestino / Dan Abnett ; traducción al español: José María Obregón. – 1st ed.
      p. cm. – (Historietas juveniles, biografías)
   Includes bibliographical references and index.
   ISBN 978-1-4358-3320-3 (pbk. : alk. paper)
   ISBN 978-1-4358-3321-0 (6-pack : alk. paper)
   ISBN 978-1-4358-8563-9 (hardcover : alk. paper)
   1. Tubman, Harriet, 1820?-1913–Juvenile literature. 2. Slaves–United States–Biography–Juvenile literature. 3. African American women–Biography–Juvenile literature. 4. Underground Railroad–Juvenile literature. I. Title.
   E444.T82A2618 2009
   973.7'115092–dc22
   [B]
                         2008049517

Manufactured in the United States of America

CONTENIDO

PERSONAJES PRINCIPALES

Harriet Tubman (aprox.1822–1913) nació en esclavitud. Cuando cumplió 27 años, Tubman escapó. Tubman ayudó a unos 300 esclavos del sur a encontrar su libertad en distintos lugares de América del Norte. Durante la **Guerra Civil,** Tubman trabajó en el ejército de la Unión. Tubman también peleó por los derechos de las mujeres y los pobres.

William Still (1821–1902) era hijo de esclavos. Still es conocido como el Padre del **Ferrocarril Clandestino**. Still ayudó a unos 60 esclavos al mes. Still mantuvo registros de todos los esclavos que ayudó a liberar. Still, escribió un libro en el que dice haber liberado a 649 esclavos en el Ferrocarril Clandestino.

Thomas Garrett (1789–1871) era un **abolicionista** que trabajó en el Ferrocarril Clandestino, en Delaware. Garrett trabajó con Tubman muchas veces para liberar esclavos. Se dice que ayudó a 2,500 esclavos.

HARRIET TUBMAN
Y EL FERROCARRIL CLANDESTINO

EN LOS SIGLOS 18 Y 19, LA ESCLAVITUD ERA ALGO MUY COMÚN EN LOS ESTADOS DEL SUR DE LOS ESTADOS UNIDOS.

LOS ESCLAVOS ERAN PERSONAS NEGRAS QUE HABÍAN SIDO **CAPTURADAS** EN ÁFRICA Y TRAÍDAS A LOS ESTADOS UNIDOS, DONDE ERAN VENDIDAS.

LA MAYORÍA DE LOS ESCLAVOS TRABAJABA EN **PLANTACIONES.** LOS ESCLAVOS ERAN PROPIEDAD DE SUS DUEÑOS.

LOS HIJOS DE LOS ESCLAVOS NO IBAN A LA ESCUELA. ADEMÁS, ERAN OBLIGADOS A TRABAJAR DESDE MUY CHICOS.

ARAMINTA ROSS NACIÓ ESCLAVA, EN 1822, EN MARYLAND. CUANDO TENÍA UNOS SEÍS AÑOS, TRABAJÓ PARA UN **TEJEDOR**.

CON FRECUENCIA, ARAMINTA ERA TRATADA MUY MAL.

ARAMINTA SE ENFERMÓ DE SARAMPIÓN.

AL MEJORARSE, ARAMINTA FUE A TRABAJAR COMO AMA DE LLAVES Y NIÑERA.

A LOS ONCE AÑOS, ARAMINTA CAMBIÓ SU NOMBRE POR HARRIET, EL NOMBRE DE SU MADRE.

A LOS 12 AÑOS, HARRIET VIO A UN **SUPERVISOR** TRATANDO DE AMARRAR A UN ESCLAVO. HARRIET SE ASUSTÓ MUCHO.

EL ESCLAVO LOGRÓ ESCAPARSE. EL SUPERVISOR LE LANZÓ UNA PESA DE HIERRO. LA PESA LE CAYÓ A HARRIET. HARRIET QUEDÓ GRAVEMENTE HERIDA.

CERCA DE 1844, HARRIET SE CASÓ CON UN HOMBRE LIBRE. SU NOMBRE ERA JOHN TUBMAN.

ALGÚN DÍA VIAJAREMOS AL NORTE DONDE PODREMOS SER LIBRES.

SOY UN HOMBRE LIBRE. AQUÍ SOY FELIZ.

OTROS ESCLAVOS HAN ESCAPADO. QUIZÁS YO PUEDA HACERLO.

¿A DÓNDE IRÍAS, HARRIET?

TUBMAN SALIÓ DE MARYLAND EN SECRETO. PARA QUE NADIE LA VIERA, TUBMAN SE ESCONDIÓ BAJO LOS COSTALES DE UNA CARRETA.

SOMOS ABOLICIONISTAS. TE AYUDAREMOS.

GRACIAS POR SU BONDAD, SEÑOR.

TE LLEVAREMOS A FILADELFIA DONDE APRENDERÁS A VIVIR EN LIBERTAD.

FINALMENTE, HARRIET TUBMAN ERA LIBRE. TUBMAN TRABAJÓ DURO PARA GANAR DINERO Y AYUDAR A OTROS ESCLAVOS.

LLEVARÁS A LOS ESCLAVOS A ESTACIONES, O LUGARES SEGUROS, EN SU CAMINO AL NORTE.

STILL EXPLICÓ QUE NO ERA FÁCIL AYUDAR A LOS ESCLAVOS. UNA NUEVA LEY, LLAMADA LA LEY DE ESCLAVOS **FUGITIVOS**, DECÍA QUE LOS ESCLAVOS PODRÍAN SER ATRAPADOS EN CUALQUIER PARTE Y SER ENVIADOS DE REGRESO.

TUBMAN NO TENÍA MIEDO. TUBMAN APRENDIÓ LAS **RUTAS** DEL FERROCARRIL CLANDESTINO Y **JURÓ** NO HABLAR DE ELLO.

LA GENTE QUE VIVE AQUÍ DEJA DESCANSAR A LOS ESCLAVOS. ADEMÁS NOS DA DE COMER.

PARA LOS ESCLAVOS ERA MÁS SEGURO VIAJAR DE NOCHE Y LEJOS DE LAS CIUDADES.

AL LLEGAR A LOS ESTADOS DEL NORTE, DONDE VIVÍAN LIBRES, LOS ESCLAVOS PODÍAN SER ATRAPADOS Y DEVUELTOS A SUS DUEÑOS.

TRAS SU PRIMERA EXITOSA **MISIÓN**, TUBMAN CONTINUÓ VIAJANDO AL SUR PARA **RESCATAR** MÁS ESCLAVOS.

ERA UN VIAJE PELIGROSO. LOS ESCLAVOS PODÍAN MORIR O SER CAPTURADOS.

AUN ASÍ, LOS ESCLAVOS SEGUÍAN ESCAPANDO.

CRUZAREMOS EL RÍO PARA IR A CASA DE THOMAS GARRETT EN DELAWARE. GARRETT HA AYUDADO A MUCHOS ESCLAVOS.

CANADÁ

BOSTON

NUEVA YORK

OCÉANO ATLÁNTICO

--- --- --- RUTAS DEL
FERROCARRIL CLANDESTINO

NUEVA ORLEANS

BAHAMAS

MÉXICO

PARA LOS ESCLAVOS YA NO ERA SEGURO IR A FILADELFIA. TUBMAN SE MUDÓ A ST. CATHARINES, CANADÁ. AHÍ, NO PODÍA SER CAPTURADA.

EL FERROCARRÍL CLANDESTINO COMENZÓ A LLEVAR A MUCHOS ESCLAVOS A CANADÁ. MUCHOS OTROS VIAJARON A MÉXICO.

EN UNA DE LAS RUTAS DESDE EL ESTADO DE NUEVA YORK A CANADÁ, LOS ESCLAVOS TENÍAN QUE CRUZAR UN PELIGROSO PUENTE CERCA DE LAS CATARATAS DEL NIÁGARA.

CON FRECUENCIA LOS ESCLAVOS TENÍAN MIEDO. LA JORNADA DESDE EL SUR HASTA CANADÁ ERA MUY DURA Y LARGA. TUBMAN HACÍA TODO LO POSIBLE PARA QUE ESTOS ESCLAVOS LOGRARAN SU LIBERTAD.

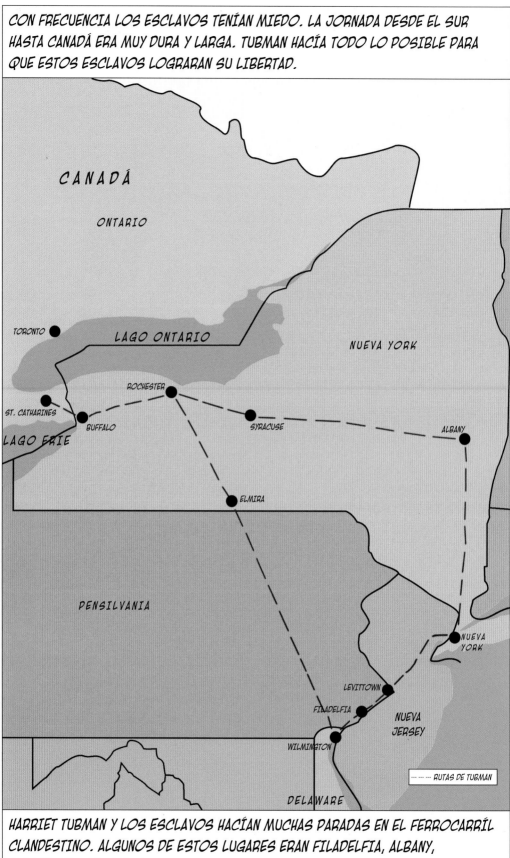

HARRIET TUBMAN Y LOS ESCLAVOS HACÍAN MUCHAS PARADAS EN EL FERROCARRIL CLANDESTINO. ALGUNOS DE ESTOS LUGARES ERAN FILADELFIA, ALBANY, ROCHESTER Y BUFFALO.

LOS DUEÑOS DE LOS ESCLAVOS
ESTABAN MOLESTOS CON LAS FUGAS.

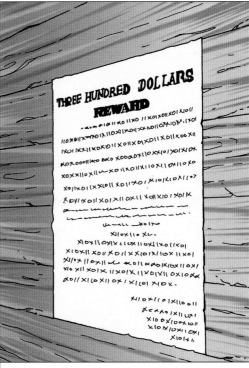

LOS DUEÑOS OFRECÍAN **RECOMPENSAS** POR LA CAPTURA DE LOS ESCLAVOS Y LA GENTE QUE LOS AYUDABA.

LA RECOMPENSA POR CAPTURAR A TUBMAN ALCANZÓ LOS $40,000.

AUN ASÍ, TUBMAN CONTINUÓ SU TRABAJO. UN DÍA INCLUSO VIAJÓ EN TREN DONDE PODRÍA HABER SIDO ATRAPADA.

JOHN BROWN ERA UN FAMOSO ABOLICIONISTA. BROWN VISITÓ ST. CATHARINES PARA CONOCER A TUBMAN. BROWN HABÍA ESCUCHADO MUCHO DE SU TRABAJO.

HARRIET TUBMAN PASÓ 10 AÑOS RESCATANDO ESCLAVOS EN MARYLAND. HARRIET TUBMAN REALIZÓ 19 VIAJES Y LLEVÓ A UNOS 300 ESCLAVOS A LA LIBERTAD.

DURANTE LA GUERRA CIVIL HARRIET TUBMAN TRABAJÓ PARA EL EJÉRCITO DE LA UNIÓN. MUCHOS DE LOS ESCLAVOS QUE LIBERÓ SE CONVIRTIERON EN SOLDADOS EN EL EJÉRCITO DE LA UNIÓN.

DESPUÉS DE LA GUERRA, TUBMAN TRABAJÓ POR LOS DERECHOS DE LA MUJER. TUBMAN ERA MUY POPULAR.

HARRIET TUBMAN CONTINUÓ TRABAJANDO EN FAVOR DE LOS DERECHOS DE LAS PERSONAS HASTA EL DÍA DE SU MUERTE, EN 1913. TUBMAN TENÍA UNOS 91 AÑOS.

FIN

CRONOLOGÍA

1822 aprox.
Araminta Ross nació en esclavitud en el Condado de Dorchester, Maryland.

1828–
Araminta trabaja para un tejedor.

1832 aprox.
Araminta se enferma de sarampión.
Araminta trabaja como ama de llaves y niñera.

1833 aprox.
Araminta cambia su nombre por el de Harriet.
Harriet resulta herida por un supervisor.

1844 aprox.
Harriet se casa con John Tubman.

1849
El patrón de Harriet Tubman, Edward Brodess, muere. Tubman escapa a Filadelfia.

Harriet Tubman conoce a William Still de la Sociedad Contra la Esclavitud de Filadelfia.

1850
Tubman se une al Ferrocarril Clandestino.

Tubman libera a su sobrina y sus dos hijos.

1851
Harriet Tubman regresa al Condado de Dorchester para llevar a John Tubman al norte. John, que se había vuelto a casar, no se va con Harriet.

1852–
1860
Tubman continúa su trabajo con el Ferrocarril Clandestino.

1861
Tubman se une al ejército de la Unión durante la Guerra Civil.

1913
Harriet Tubman muere, aproximadamente, a la edad de 91 años.

GLOSARIO

abolicionista (el/la) Persona que trabajó para acabar con la esclavitud.

capturado, a Ser controlado por la fuerza.

continente (el) Una de las grandes masas de tierra de nuestro planeta.

deudas (las) Dinero o cosas que se deben.

Ferrocarril Clandestíno (el) Un sistema creado para llevar a los esclavos hacia la libertad.

fugitivo, a (el/la) Una persona que escapa de alguien o algo.

Guerra Civil (la) Guerra entre los estados del norte y del sur de los Estados Unidos de 1861 a 1865.

jurar Una promesa.

misión (la) Un trabajo especial.

patrón (el) Persona que emplea obreros en su propiedad.

plantaciones (las) Granjas en las que trabajaban y vivían los esclavos.

recompensa (la) Un premio, generalmente de dinero.

rescatar Salvar algo o a alguién.

rutas (las) Los caminos que una persona toma para llegar a un lugar.

supervisor, a (el/la) Una persona que se encarga de los trabajadores.

tejedor (el) Una persona que fabrica telas para hacer ropa.

traicionar Engañar a una persona.

ÍNDICE

PÁGINAS EN INTERNET

Debido a los constantes cambios en los enlaces de Internet, Rosen Publishing Group, Inc. mantiene una lista de sitios en la red relacionados con el tema de este libro. Esta lista se actualiza regularmente y puede ser consultada en el siguiente enlace:
www.powerkidslinks.com/jgb/tubman/